Healthy Kitchen®

W0199161

Soupes super facile !

68 recettes gourmandes

MARABOUT

Sommaire

Soupe de courge butternut

pour 2 personnes prêt en 10 min cuisson 20 min

1 petite courge butternut
1 oignon
60 cl de bouillon de légumes

1 Mettre la courge coupée en morceaux et l'oignon haché dans une grande casserole, puis ajouter le bouillon. Porter à ébullition avant de réduire le feu. Laisser frémir 20 minutes environ pour que la courge soit fondante.

2 Mixer la soupe et la remettre sur le feu pour la réchauffer. Saler et poivrer. Servir dans des bols bien chauds.

Velouté de potiron

pour 4 personnes prêt en 15 min cuisson 10 min

1 quartier de potiron de 800 g
1 poireau
2 échalotes
1 cc d'ail haché
1 cc de quatre-épices
50 cl de bouillon de volaille dégraissé
4 CS de crème fraîche à 4 ou 5 %
sel, poivre

1 Ôter les graines, les filaments et la peau du potiron. Détailler la chair en petits morceaux. Nettoyer le poireau et le découper en morceaux. Éplucher et émincer les échalotes.

2 Mélanger tous les ingrédients avec l'ail et le quatre-épices dans une cocotte en verre culinaire. Saler et poivrer. Verser le bouillon de volaille. Couvrir et faire cuire 10 minutes au four à micro-ondes, puissance 900 W.

3 Mixer les légumes, ajouter la crème fraîche, donner un coup de bouillon et rectifier l'assaisonnement. Servir dans des petites soupières.

J+

Soupe de carottes à la coriandre

pour 4 personnes   prêt en 10 min   cuisson 20 min

1 cc d'huile de tournesol
1 gros oignon
1 kg de carottes
1,2 l de bouillon de légumes
1 bouquet de coriandre fraîche (tiges + feuilles)

1 Graisser légèrement une grande casserole antiadhésive pour y faire fondre l'oignon émincé 5 minutes. Ajouter un peu d'eau au besoin.

2 Mettre dans la casserole les carottes grossièrement hachées, le bouillon et les tiges de coriandre hachées. Saler et poivrer. Porter à ébullition, puis laisser frémir 15 minutes, jusqu'à ce que les carottes soient tendres. Ajouter les feuilles de coriandre hachées (en réserver un peu pour servir).

3 Mixer la soupe, puis la réchauffer. Rectifier l'assaisonnement. Servir dans des bols chauds et parsemer du reste de coriandre.

Velouté de carottes au curry

pour 4 personnes **prêt en 15 min** **cuisson 12 min**

1 cc d'huile d'olive
2 oignons
600 g de carottes
1 cc de muscade moulue
½ cc de curry en poudre
80 cl de bouillon de volaille
6 portions de 17 g de fromage fondu allégé
2 cc de coriandre hachée
sel, poivre

1 Dans un autocuiseur, faire chauffer l'huile d'olive, y faire revenir les oignons émincés à feu doux, puis ajouter les carottes en rondelles. Poivrer, saupoudrer de noix de muscade et de curry. Mélanger et recouvrir de bouillon de volaille. Fermer hermétiquement et cuire 12 minutes à partir de la mise en rotation de la soupape.

2 Enlever le couvercle, ajouter le fromage fondu coupé en petits morceaux, mélanger et mixer avec un mixeur plongeant. Rectifier l'assaisonnement en sel. Servir dans des bols ou des assiettes, parsemer de coriandre.

Velouté de carottes à la crème de coco

pour 4 personnes prêt en 10 min cuisson 30 min

1 oignon
1 gousse d'ail
4 carottes
1 cc d'huile de tournesol
1 CS de graines de coriandre
½ CS de citronnelle
½ CS de cumin moulu
1 cc de cannelle moulue
6 gousses de cardamome verte
½ tablette de bouillon de légumes
6 brins de coriandre fraîche
8 cl de lait de coco
2 cc de curcuma moulu
sel, piment d'Espelette

1 À l'avance, éplucher l'oignon, puis l'émincer grossièrement. Éplucher l'ail et l'écraser. Peler les carottes et les tailler en fines rondelles. Faire suer les légumes avec l'huile, 4 cuillerées à soupe d'eau et les épices concassées (sauf le curcuma, le sel et le piment d'Espelette) pendant 5 minutes.

2 Couvrir avec 1 litre d'eau. Ajouter la demi-tablette de bouillon et porter à ébullition. Ajouter les tiges de coriandre (sans les feuilles), couvrir et laisser frémir pendant 15 à 20 minutes.

3 Vérifier que les carottes sont cuites et mixer longuement. Vérifier l'assaisonnement et laisser refroidir. Réserver au frais.

4 Au moment du repas, mélanger le lait de coco avec le curcuma et les feuilles de coriandre émincées. Réchauffer le velouté au four à micro-ondes. Servir avec le lait de coco aromatisé.

Velouté de potimarron

pour 4 personnes   prêt en 10 min   cuisson 15 min

1 potimarron moyen
2 blancs de poireaux
1 oignon
2 cubes de bouillon de volaille dégraissé
1 branche de thym
8 cc de crème fraîche allégée à 4 %
sel, poivre

1 Éplucher le potimarron. Enlever les graines. Détailler la chair en cubes. Laver, puis couper en tronçons les blancs de poireaux. Éplucher et couper en quatre l'oignon.

2 Dans un autocuiseur, mettre la chair du potimarron, les poireaux, l'oignon, les cubes de bouillon et la branche de thym. Saler et poivrer. Ajouter 1,5 litre d'eau. Faire cuire 15 minutes à partir du chuchotement de la soupape.

3 Au bout de ce temps, ôter la branche de thym et mixer. Verser le velouté dans une soupière. Ajouter la crème fraîche et servir chaud. On se régale !

Soupe aux 5 légumes

pour 4 personnes prêt en 15 min cuisson 15 min

1 oignon
2 tomates
2 poireaux
2 carottes
½ courgette
1 cc d'huile d'olive
1 cube de bouillon de volaille
1 cc de persil haché
sel, poivre

1. Peler et émincer l'oignon. Peler et couper en petits dés les tomates. Éplucher les poireaux en gardant un peu de vert et les émincer. Peler les carottes et la demi-courgette, les tailler en allumettes et en petits morceaux.

2. Faire chauffer l'huile d'olive dans un autocuiseur, puis y faire revenir l'oignon 1 minute, en remuant. Ajouter tous les légumes préparés et le cube de bouillon émietté, et verser 1,5 litre d'eau froide. Fermer hermétiquement et laisser cuire 15 minutes dès la mise en rotation de la soupape.

3. Mixer la soupe à l'aide d'un mixeur plongeant. Rectifier l'assaisonnement en sel et poivrer. Parsemer de persil.

Velouté rouge et vert

pour 2 personnes prêt en 15 min cuisson 30 min

300 g de potimarron (ou potiron)
3 carottes
2 oignons
1 gousse d'ail
1 tablette de bouillon de volaille
1 vert de poireau
1 feuille de laurier
2 brins de thym
2 CS de crème fraîche à 4 %
½ botte de persil plat
30 g de gruyère
sel, poivre

1 Laver, puis éplucher le potimarron. Peler les carottes, les oignons et l'ail. Les couper en petits cubes.

2 Préparer le bouillon de volaille avec 1 litre d'eau. Ajouter les légumes coupés, le vert de poireau coupé en bâtonnets, le laurier et le thym. Saler et laisser cuire 30 minutes à petits bouillons. Égoutter en conservant le bouillon. Passer les légumes au presse-purée. Les remettre dans le bouillon avec la crème fraîche et mélanger. Vérifier l'assaisonnement.

3 Verser dans une soupière ou dans 2 assiettes creuses. Parsemer de persil plat finement ciselé. Garnir de copeaux de gruyère. Servir bien chaud.

Soupe veloutée d'asperges vertes

pour 4 personnes prêt en 5 min cuisson 10 min

2 tablettes de bouillon de volaille dégraissé
2 grands bocaux d'asperges vertes (de 370 ml chacun)
4 cc de crème fraîche épaisse

1 Dans une grande casserole, mettre 1,5 l d'eau et les tablettes de bouillon de volaille, puis porter à ébullition. Ajouter les asperges égouttées et faire de nouveau bouillir 5 minutes.

2 Mixer à même la casserole et servir la crème séparément.

3 On peut aussi mixer la soupe au blender et la présenter directement dans des bols.

Velouté poireaux pommes de terre

pour 4 personnes **prêt en 10 min** **cuisson 8 min**

200 g de blancs de poireaux
200 g de pommes de terre
1 cc de cerfeuil déshydraté ou surgelé
sel, poivre

1 Laver les blancs de poireaux et les découper en fines rondelles. Peler et laver les pommes de terre, puis les couper en petits cubes. Placer le tout dans une cocotte adaptée au four à micro-ondes.

2 Ajouter 70 cl d'eau chaude. Saler, poivrer, couvrir et faire cuire 8 minutes au four à micro-ondes (750 W). Laisser reposer 5 minutes, puis mixer. Ajouter le cerfeuil juste avant de servir.
En cuisson traditionnelle, plonger les légumes dans l'eau et les cuire à couvert une dizaine de minutes.

Velouté de courgettes

pour 4 personnes   prêt en 5 min   cuisson 30 min

1 kg de courgettes
2 tablettes de bouillon de poule dégraissé
60 g de fromage fondu allégé
8 cc de crème fraîche allégée à 15 %
sel, poivre

1 Faire bouillir 1 litre d'eau dans une casserole. Rincer les courgettes. Les couper en rondelles épaisses sans les éplucher.

2 Faire fondre les tablettes de bouillon dans l'eau bouillante. Ajouter les courgettes et laisser cuire 25 minutes sur feu doux. Éteindre le feu et ajouter le fromage fondu.

3 Remuer, puis mixer le tout. Saler et poivrer. Ajouter la crème fraîche juste avant de servir.

Soupe de courgettes à la menthe

pour 4 personnes prêt en 10 min cuisson 20 min

1 gros oignon
1 kg de courgettes
1,2 l de bouillon de légumes
1 bouquet de menthe fraîche
sel, poivre

1 Graisser légèrement une grande casserole antiadhésive et y faire revenir l'oignon émincé 5 minutes (mouiller avec un peu d'eau pour éviter qu'il n'attache). Ajouter les courgettes grossièrement hachées, le bouillon et la moitié de la menthe. Saler et poivrer.

2 Porter à ébullition, puis laisser frémir 10 minutes. Réserver quelques feuilles de menthe pour la décoration et mettre le reste dans la soupe.

3 Mixer la soupe, puis la réchauffer. Rectifier l'assaisonnement. Servir dans des bols chauds. Décorer de menthe ciselée et donner un tour de moulin à poivre.

Consommé au cresson

pour 4 personnes   prêt en 10 min   cuisson 10 min

1 botte de cresson
1 bâton de céleri
3 cubes de bouillon de volaille
1 CS de persil haché
sel, poivre

1 Laver soigneusement le cresson et le céleri. Les sécher avec du papier absorbant. Réserver quelques feuilles de cresson. Hacher finement le reste.

2 Faire chauffer 1,5 litre d'eau avec les cubes de bouillon de volaille. Lorsqu'elle est sur le point de bouillir, ajouter le cresson et le céleri. Bien mélanger. Porter à ébullition et laisser frémir doucement 5 à 6 minutes.

3 Mixer quelques secondes à l'aide d'un mixeur plongeant. Vérifier l'assaisonnement. Disposer les feuilles de cresson réservées dans le fond d'une soupière, puis verser le consommé dessus. Décorer de persil haché. Servir aussitôt.

Velouté de petits pois

pour 4 personnes prêt en 20 min cuisson 30 min

1 kg de petits pois surgelés
3 CS d'oignons surgelés
1 cc de margarine allégée
1 l de bouillon de volaille
100 g de bacon
2 CS de crème fraîche épaisse à 5 %
4 feuilles de basilic
sel, poivre

1 Faire décongeler les petits pois avant la préparation du repas.

2 Faire revenir les oignons avec la margarine dans une casserole. Lorsqu'ils ont blondi, verser le bouillon et porter à ébullition. Ajouter les petits pois et laisser cuire pendant 25 minutes. Pendant ce temps, couper le bacon en lanières et le faire revenir doucement sur une feuille de cuisson*.

3 Lorsque les petits pois sont cuits, mixer le velouté. Ajouter la crème fraîche en mélangeant bien. Retirer du feu aux premiers bouillons.

4 Rectifier l'assaisonnement et verser le potage dans les bols. Répartir le bacon et déposer une feuille de basilic. Déguster aussitôt.

*Feuille de Téflon alimentaire qui permet de cuisiner sans ajouter de matière grasse.

Soupe de petits pois à la menthe

pour 2 personnes prêt en 5 min cuisson 15 min

1 cc d'huile de tournesol
1 oignon
500 g de petits pois frais ou surgelés
60 cl de bouillon de légumes
1 bouquet de menthe
100 g de jambon blanc découenné dégraissé
sel, poivre

1 Graisser légèrement une grande casserole antiadhésive, la chauffer, puis y faire fondre l'oignon émincé pendant 5 minutes. Ajouter un peu d'eau si nécessaire pour qu'il n'attache pas. Ajouter les petits pois, le bouillon et la moitié de la menthe ciselée. Saler et poivrer. Porter à ébullition, puis laisser frémir 5 minutes.

2 Mettre de côté un peu de menthe ciselée et ajouter le reste dans la casserole. Mixer la soupe. Ajouter le jambon, puis réchauffer rapidement. Rectifier l'assaisonnement et verser dans des bols bien chauds. Décorer de menthe juste avant de servir.

Potage aux petits pois et à la laitue

pour 4 personnes **prêt en 10 min** **cuisson 10 min**

350 g de petits pois surgelés
100 g de feuilles de laitue bien vertes
1 cc d'huile d'olive
1 oignon blanc
80 g de lait demi-écrémé concentré non sucré
½ tablette de bouillon de légumes
1 cc de menthe coupée, surgelée
sel, poivre du moulin

1 Mettre les petits pois dans un récipient et en réserver 2 cuillerées à soupe dans une tasse pour la décoration. Rincer les feuilles de laitue, puis les déchirer après avoir enlevé les côtes blanches.

2 Chauffer l'huile dans un autocuiseur, y faire suer l'oignon émincé 2 minutes à feu doux (sans coloration). Ajouter les feuilles de salade et remuer 1 min pour les faire « tomber ». Ajouter les petits pois et le lait concentré non sucré, verser 1 litre d'eau et émietter la demi-tablette de bouillon. Porter à ébullition, fermer et cuire 5 minutes à petits chuchotements.

3 Passer l'autocuiseur sous un filet d'eau froide pour évacuer la vapeur. Mixer la préparation à l'aide d'un mixeur plongeant. Ajouter les petits pois réservés. Chauffer à nouveau 2 minutes, sans couvrir. Parsemer de menthe. Rectifier l'assaisonnement en sel et poivrer. Verser dans une soupière ou dans des assiettes creuses.

Velouté de fèves au lait de coco

pour 4 personnes   prêt en 10 min   cuisson 30 min

1 oignon
1 cc d'huile d'olive
600 g de fèves surgelées
20 cl de boisson végétale à base de soja
5 cl de lait de coco
sel, poivre

1 Peler et émincer l'oignon. Dans une casserole antiadhésive, verser l'huile et faire dorer l'oignon. Ajouter les fèves et verser 50 cl d'eau froide. Couvrir et laisser cuire 25 minutes.

2 Mixer. Dans une casserole, faire chauffer la boisson au soja et le lait de coco. Les incorporer au velouté. Saler et poivrer. Verser dans 4 bols et déguster bien chaud.

Velouté de poivrons rouges à la ricotta

pour 4 personnes   prêt en 15 min   cuisson 25 min

2 gros poivrons rouges (500 g)
50 cl de bouillon de volaille chaud
½ cc de paprika
120 g de ricotta
1 CS de basilic ciselé
sel, poivre du moulin

1 Préchauffer le four, position gril. Enfermer les poivrons individuellement dans une feuille de papier d'aluminium et les enfourner pour 20 minutes.

2 Déballer les poivrons, puis les mettre dans un sac en plastique pour 5 minutes. Une fois tiédis, les peler et enlever les pépins.

3 Mixer la pulpe des poivrons avec le bouillon de volaille chaud, le paprika et la ricotta. Réchauffer 5 minutes dans une casserole.

4 Répartir le velouté dans des bols, rectifier l'assaisonnement en sel, poivrer et parsemer de basilic.

Soupe de tomates rôties, poivrons rouges et croûtons aillés

pour 4 personnes prêt en 10 min cuisson 45 min

6 tomates
3 poivrons rouges
1 cc d'huile d'olive à l'ail
45 cl de bouillon de légumes
4 tranches de pain (baguette) de 2,5 cm d'épaisseur

1 Préchauffer le four à 200 °C. Plonger les tomates 10 secondes dans de l'eau bouillante, puis les peler. Les couper en deux et les épépiner. Couper les poivrons en quartiers et les épépiner.

2 Disposer les tomates et les poivrons sur une plaque de cuisson avec un peu d'huile d'olive. Les faire rôtir 40 minutes, puis les transférer (avec le jus de cuisson) dans un blender et mixer pour obtenir une consistance lisse.

3 Versez un peu d'huile d'olive sur une plaque propre et y disposer les tranches de pain. Arrosez le pain de quelques gouttes d'huile d'olive et le faire griller 3 à 5 minutes.

4 Réchauffer les légumes mixés avec le bouillon dans une casserole. Dresser la soupe dans des bols chauds et garnir de croûtons.

Soupe provençale

pour 4 personnes **prêt en 15 min** **cuisson 10 min**

200 g de courgettes
4 échalotes
1 aubergine
1 poivron rouge
1 poivron jaune
200 g de tomates (ou 1 boîte de tomates pelées)
2 oignons
4 gousses d'ail
1 branche de thym
3 feuilles de laurier
1 bouquet de basilic
sel, poivre

1 Laver et épépiner les légumes, les couper en cubes sans les peler. Mettre tous les ingrédients (sauf le basilic) dans un grand autocuiseur, recouvrir d'eau. Saler et poivrer. Cuire 10 minutes sous pression.

2 Ôter le thym et le laurier. Mixer le tout en y ajoutant les feuilles de basilic. Vérifier l'assaisonnement avant de servir. Ajouter éventuellement un nuage de crème fraîche (à comptabiliser).

Velouté de tomates et champignons

pour 4 personnes prêt en 5 min cuisson 5 min

1 grosse boîte de tomates pelées au jus
1 gros oignon émincé
½ tablette de bouillon de volaille dégraissé
1 CS de persil
1 feuille de laurier
1 boîte de champignons de Paris émincés (230 g)
sel, poivre

1 Couper les tomates en quatre et les mettre, avec leur jus, dans une casserole. Ajouter l'oignon, la demi-tablette de bouillon de volaille, le persil et la feuille de laurier. Saler et poivrer. Ajouter 25 cl d'eau chaude. Faire chauffer à feu doux, à couvert, pendant 5 minutes. Retirer la feuille de laurier, puis mixer la préparation.

2 Rincer les champignons et les ajouter au velouté. Laisser réchauffer à feu doux quelques minutes, puis dresser.

Velouté de cèpes aux noisettes

pour 4 personnes prêt en 15 min cuisson 23 min

500 g de cèpes frais
3 échalotes
3 cc de margarine végétale à 60 %
1 pincée de noix de muscade
5 cl de vin blanc sec
1 tablette de bouillon de volaille
10 cl de crème à 5 %
2 CS de lait écrémé en poudre
20 g de noisettes sèches concassées
4 brins de cerfeuil
sel, poivre

1 Nettoyer les cèpes, couper le bout terreux et les émincer en grosses lamelles. Peler et hacher les échalotes.

2 Chauffer la margarine dans une cocotte, y faire revenir les échalotes 1 minute, ajouter les champignons et poursuivre la cuisson 4 minutes, tout en remuant. Saler légèrement, ajouter la noix de muscade et déglacer avec le vin blanc.

3 Diluer la tablette de bouillon dans 1 litre d'eau chaude, verser dans la casserole et remuer. Porter à ébullition, puis laisser cuire à feu moyen 15 minutes. Incorporer la crème et le lait en poudre, et chauffer 2 minutes de plus. Hors du feu, mixer finement la préparation. Rectifier l'assaisonnement en sel et poivrer. Réserver au chaud.

4 Torréfier les noisettes concassées 1 minute à sec dans une poêle antiadhésive. Verser le velouté de cèpes dans des assiettes creuses, parsemer de noisettes et décorer de cerfeuil.

Velouté de champignons à la ciboulette

pour 4 personnes prêt en 10 min cuisson 20 min

500 g de champignons de Paris
100 g de feuilles de laitue bien vertes
1 CS de fond de volaille
1 cc d'huile d'olive
2 CS de lait entier concentré non sucré
4 cc de ciboulette ciselée
sel, poivre

1 Rincer les champignons et couper les pieds terreux. Les sécher et les émincer. Ciseler les feuilles de laitue. Diluer le fond de volaille dans 10 cl d'eau chaude, puis ajouter 70 cl d'eau froide.

2 Faire chauffer l'huile d'olive dans une cocotte. Y faire suer les champignons émincés 3 minutes. Ajouter la salade et la faire fondre 1 minute. Verser le bouillon, porter à ébullition et poursuivre la cuisson 10 minutes, à feu doux.

3 Hors du feu, mixer, puis ajouter le lait concentré. Remettre à cuire 5 minutes, à feu doux, en remuant. Rectifier l'assaisonnement en sel et poivrer. Verser le velouté dans des bols ou des assiettes. Parsemer de ciboulette. Servir bien chaud.

Soupe aux topinambours

pour 4 personnes   prêt en 5 min   cuisson 30 min

2 cc de jus de citron
480 g de topinambours
1 oignon émincé
50 cl de bouillon de volaille dégraissé
50 cl de boisson végétale à base de soja
1 pincée de muscade moulue
1 pincée de gingembre moulu
15 g de pignons de pin
poivre

1 Verser le jus de citron dans un bol d'eau froide. Éplucher les topinambours, les couper en petits morceaux et les mettre au fur et à mesure dans l'eau citronnée pour qu'ils ne noircissent pas.

2 Dans une cocotte à revêtement antiadhésif, faire revenir l'oignon. Ajouter les topinambours égouttés et les faire revenir rapidement sans les laisser se colorer. Ajouter le bouillon de volaille, la boisson au soja, la muscade, le gingembre et poivrer. Mélanger, couvrir et laisser cuire 30 minutes environ.

3 Mixer la soupe, vérifier l'assaisonnement et la verser dans une soupière. Parsemer de pignons de pin avant de servir.

Velouté d'artichaut et persil frais

pour 2 personnes prêt en 10 min cuisson 8 min

2 cc de margarine
50 g d'oignon haché
½ gousse d'ail hachée
10 g de farine
½ cube de bouillon de volaille dégraissé
200 g de cœurs d'artichauts surgelés, en morceaux
12,5 cl de lait écrémé
2 cc de persil ciselé
sel, poivre

1 Dans une casserole, faire chauffer la margarine. Faire revenir l'oignon et l'ail jusqu'à ce que l'oignon soit tendre. Incorporer la farine, puis ajouter 30 cl d'eau tout doucement sans cesser de mélanger avec un fouet. Ajouter le cube de bouillon et porter à ébullition sur feu doux.

2 Laisser épaissir le potage en mélangeant régulièrement pendant environ 5 minutes. Ajouter les artichauts et laisser cuire 3 minutes. Ajouter le lait, saler et poivrer. Laisser réchauffer, puis saupoudrer de persil ciselé juste avant de servir.

Velouté de chou-fleur au fromage fondu

pour 4 personnes   prêt en 10 min   cuisson 20 min

1 sachet de 450 g de fleurettes de chou-fleur surgelées
1 CS de jus de citron
1 petite boîte de lait concentré demi-écrémé non sucré (80 g)
4 portions de fromage fondu allégé
1 cc de fond de volaille
4 brins de cerfeuil
sel, poivre

1 Mettre les fleurettes de chou-fleur dans une casserole avec le jus de citron, 10 cl d'eau et 1 pincée de sel. Couvrir et cuire 10 minutes à feu doux. Égoutter le chou-fleur, puis le remettre dans la casserole avec le lait concentré et le fromage fondu. Saupoudrer de fond de volaille et ajouter 10 cl d'eau. Mélanger, couvrir et cuire encore 10 minutes.

2 Mixer jusqu'à obtenir une préparation crémeuse et homogène. Rectifier l'assaisonnement en sel et poivrer. Servir dans des petits bols et décorer de cerfeuil.

Velouté de lentilles, chips de bacon

pour 4 personnes   prêt en 5 min   cuisson 8 min

1 petite boîte de lentilles
(260 g égouttées)
1 cube de bouillon de volaille
1 feuille de laurier
1 petite boîte de lait concentré
demi-écrémé non sucré (80 g)
4 tranches de bacon (13 g chacune)
poivre

1 Égoutter les lentilles, les mettre dans une casserole avec 80 cl d'eau, le cube de bouillon émietté et la feuille de laurier. Porter à ébullition et faire cuire 3 minutes à feu moyen. Retirer la feuille de laurier. Ajouter le lait concentré, mélanger et poursuivre la cuisson 3 minutes.

2 Chauffer une poêle antiadhésive sur feu moyen, puis y faire dorer les tranches de bacon 1 minute de chaque côté, sans matière grasse, jusqu'à obtenir une consistance de « chips ».

3 Mixer le velouté avec un mixeur plongeant, le verser dans 4 bols d'une contenance de 20 à 25 cl, poivrer et décorer de chips de bacon.

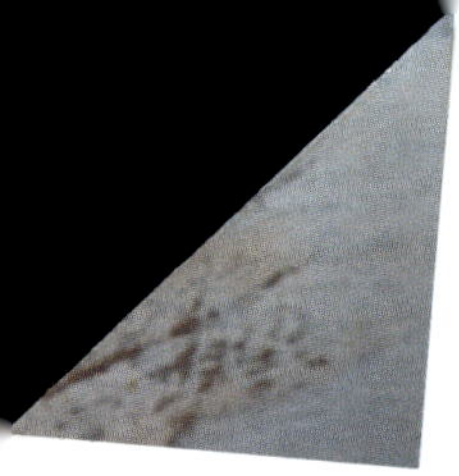

Velouté de concombre

pour 6 personnes prêt en 10 min cuisson 20 min

2 échalotes
3 concombres
2 cc de beurre à 41 %
2 cubes de bouillon de légumes
10 cl de crème liquide à 5 %
paprika
6 brins de ciboulette
sel, poivre

1 Éplucher et émincer les échalotes. Éplucher et épépiner les concombres, puis les couper en dés. Faire fondre le beurre dans une grande casserole et faire dorer les échalotes, puis ajouter les dés de concombre. Verser 1 litre d'eau chaude, puis ajouter les 2 cubes de bouillon. Porter à ébullition, puis laisser frémir 20 minutes.

2 Mixer à l'aide d'un mixeur plongeant. Ajouter la crème liquide et mélanger. Vérifier l'assaisonnement.

3 Au moment de servir, verser dans des coupelles individuelles, décorer d'une pincée de paprika et d'un brin de ciboulette.

Potage mixé

pour 4 personnes prêt en 15 min cuisson 18 min

1 oignon jaune (100 g)
1 gousse d'ail
1 panais (300 g)
3 carottes jaunes (300 g)
2 topinambours (100 g)
1 cc d'huile de tournesol
1 cc de curry
1 tablette de bouillon de volaille
4 brins de coriandre ou de persil plat
sel, poivre

1 Peler et émincer l'oignon et l'ail. Éplucher, puis rincer le panais, les carottes et les topinambours. Les détailler en dés après avoir retiré le cœur filandreux du panais et des carottes.

2 Chauffer l'huile dans un autocuiseur, puis y faire suer l'oignon et l'ail pendant 2 minutes. Ajouter les légumes détaillés, saupoudrer de curry et mélanger 1 minute. Verser 80 cl d'eau, émietter la tablette de bouillon et porter à ébullition. Fermer hermétiquement et laisser cuire 15 minutes à partir de la mise en rotation de la soupape.

3 Ciseler la coriandre ou le persil, l'incorporer au potage, puis mixer finement à l'aide d'un mixeur plongeant. Poivrer et rectifier l'assaisonnement en sel. Servir dans des bols ou des assiettes creuses.

Crème de carottes

pour 4 personnes prêt en 5 min cuisson 20 min

500 g de carottes
1,25 litre de bouillon de légumes
1 oignon haché
2 branches d'estragon
1 CS de jus de citron
150 g de yaourt grec
sel, poivre

1 Mettre dans une grande casserole les carottes coupées en morceaux, le bouillon, l'oignon et 1 branche d'estragon. Saler et poivrer. Porter à ébullition, puis laisser frémir 15 minutes. Filtrer le bouillon et le réserver. Mixer les légumes cuits pour obtenir une purée onctueuse.

2 Remettre la purée et le bouillon dans la casserole, bien mélanger, puis ajouter le jus de citron. Parfumer la soupe avec les feuilles d'estragon restantes. Réchauffer rapidement et répartir dans des bols bien chauds. Garnir chaque portion d'une belle cuillerée de yaourt et servir aussitôt.

Crème de panais aux poires

pour 4 personnes prêt en 20 min cuisson 30 min

1 cc d'huile de tournesol
2 oignons
2 gousses d'ail
750 g de panais
1 poire
1,2 litre de bouillon de légumes
sel, poivre

1 Déposer un peu de matière grasse dans une grande casserole pour y faire fondre à feu doux les oignons émincés et l'ail pilé, avec 4 cuillerées à soupe d'eau. Ajouter le panais coupé en cubes et la poire coupée en morceaux, mouiller avec le bouillon, couvrir et porter à ébullition.

2 Baisser le feu et laisser mijoter 20 minutes pour que le panais soit tendre. Mixer la soupe et la remettre sur le feu pour la réchauffer. Goûter et ajuster l'assaisonnement en sel et en poivre. Servir dans des bols chauds et donner un tour de moulin à poivre.

Douceur de carottes à l'orange

pour 4 personnes prêt en 10 min cuisson 20 min

800 g de carottes
1 cc de beurre allégé à 41 %
2 gousses d'ail émincées
1 échalote hachée
1 cc de gingembre moulu
15 cl de jus d'orange sans sucre ajouté
1 cube de bouillon de volaille dégraissé
1 cc de paprika
4 CS de crème fraîche à 15 %
1 feuille de menthe
poivre

1 Peler, rincer, puis couper les carottes en fines rondelles. Dans un autocuiseur, faire fondre le beurre et y faire revenir l'ail, l'échalote, puis les carottes. Ajouter le gingembre et le jus d'orange, mélanger et porter à ébullition. Ajouter 1 litre d'eau, le cube de bouillon et le paprika. Bien poivrer.

2 Fermer la cocotte et laisser cuire 20 minutes, sur feu doux, à partir de la mise en rotation de la soupape.

3 Mixer. Incorporer la crème fraîche. Dresser la soupe dans de jolis bols et garnir de menthe finement ciselée.

Crème de poireaux et petits pois

pour 4 personnes prêt en 10 min cuisson 15 min

2 poireaux
1 cube de bouillon de volaille dégraissé
1 boîte de petits pois de 400 g (280 g égouttés)
4 CS de crème fraîche liquide à 4 %

1. Laver et émincer les poireaux. Les faire étuver, sans gras, dans le fond d'un autocuiseur, en remuant sans cesse. Verser 1 litre d'eau et ajouter le cube de bouillon de volaille.

2. Verser ensuite les petits pois en boîte avec leur jus. Fermer l'autocuiseur et laisser tourner la soupape pendant 8 minutes.

3. Mixer le tout et lier avec la crème extra-légère. Servir chaud.

Crème de maïs à la tomate

pour 1 personne prêt en 10 min cuisson 17 min

1 grosse tomate
1 oignon blanc
15 cl de bouillon de volaille
300 g de grains de maïs en boîte
4 CS de crème à 4 %
½ cc de ciboulette ciselée
sel, poivre du moulin

1 Ébouillanter et peler la tomate, l'épépiner et la couper en petits dés. Peler et émincer l'oignon. Les mettre dans une casserole avec le bouillon de volaille. Couvrir et faire cuire 12 minutes à feu doux. Ajouter le maïs égoutté et faire cuire 5 minutes.

2 Mixer la préparation et la tamiser à travers un chinois. Verser dans un grand bol, rectifier l'assaisonnement en sel si nécessaire, ajouter la crème et mélanger. Donner un tour de moulin à poivre et parsemer de ciboulette.

Douceur à la cancoillotte

pour 2 personnes   prêt en 10 min   repos 5 min   cuisson 15 min

1 quartier de potimarron (450 g)
1 cc de fond de volaille
15 cl de lait écrémé
1 pincée de noix de muscade
60 g de cancoillotte
sel, poivre

1 Peler le potimarron et le couper en gros morceaux de 3 à 4 cm de long. Les mettre dans une cocotte en verre culinaire, saupoudrer de fond de volaille et verser 10 cl d'eau chaude. Couvrir et cuire 10 minutes au four à micro-ondes, puissance 850 W. Laisser reposer 5 minutes avec le couvercle.

2 Mettre le contenu de la cocotte dans une casserole et écraser le potimarron à l'aide d'un presse-purée. Ajouter le lait et faire cuire 4 minutes à feu moyen, tout en remuant. Hors du feu, mixer à l'aide d'un mixeur plongeant. Rectifier l'assaisonnement en sel, ajouter la noix de muscade et poivrer.

3 Verser le velouté dans 2 bols ou assiettes creuses. Liquéfier la cancoillotte 1 minute au four à micro-ondes, puissance 300 W. La verser en filet sur le dessus des préparations. Servir sans attendre.

Crème de champignons express

pour 2 personnes **prêt en 5 min** **cuisson 5 min**

1 grosse boîte de champignons de Paris
200 g de fromage blanc à 0 %
80 g de bacon
ail semoule

1 Ouvrir la boîte de champignons de Paris et les verser au-dessus d'une passoire. Rincer sous l'eau fraîche et égoutter.

2 Placer les champignons égouttés dans le bol d'un mixeur, ajouter le fromage blanc et le bacon coupé en morceaux. Saler, poivrer et ajouter de l'ail (doser selon les goûts). Mixer et ajouter éventuellement 2 ou 3 cuillerées à soupe de jus des champignons. Mixer de nouveau. Verser la crème de champignons dans une casserole. Réchauffer et servir.

Crème de brocoli aux amandes et croustillant de saumon

pour 4 personnes prêt en 15 min cuisson 20 min

400 g de brocoli en fleurettes
1 cc de fumet de poisson
3 CS d'amandes en poudre
4 CS de crème fraîche à 15 %
3 tranches de saumon fumé
sel, poivre

1 Chauffer 60 cl d'eau et le fumet dans une casserole. Verser les fleurettes de brocoli et les amandes en poudre, puis laisser frémir 15 minutes, en remuant de temps en temps. Vérifier la cuisson, ajouter la crème, saler et poivrer, puis mixer.

2 Émincer le saumon en lanières. Les faire griller à sec dans une poêle antiadhésive. Réchauffer la crème 2 à 3 minutes dans la casserole. Répartir dans des bols, ajouter le saumon croustillant et servir aussitôt.

… de courgette au brie

pour 4 personnes   prêt en 10 min   cuisson 15 min

300 g de courgettes
200 g de pommes de terre
150 g de poireau
85 cl de bouillon de légumes
½ cc de thym séché
135 g de brie (sans la croûte)
poivre du moulin

1 Mettre les courgettes en tranches, les pommes de terre coupées en cubes, le poireau émincé, le bouillon et le thym dans une grande casserole. Porter à ébullition, puis couvrir et laisser mijoter 12 à 15 minutes, jusqu'à ce que les légumes soient tendres.

2 Ajouter le brie coupé en dés et bien mélanger 1 à 2 minutes pour le faire fondre. Mixer la soupe et la réchauffer rapidement. Donner un tour de moulin à poivre et servir dans des bols bien chauds.

Crème de brocoli au fromage

pour 4 personnes   prêt en 10 min   cuisson 15 min

500 g de brocoli en petits bouquets
120 g de fromage blanc
2 CS de lait écrémé
1 gousse d'ail pilée
2 CS de fines herbes fraîches + quelques feuilles ciselées pour décorer
sel, poivre

1 Faire cuire le brocoli 10 minutes dans 70 cl d'eau bouillante, à feu doux et à couvert. Avec une écumoire, le mettre dans un blender avec un peu d'eau de cuisson. Réserver le reste de l'eau. Mixer 2 à 3 minutes pour obtenir une crème très lisse. Incorporer le reste de l'eau de cuisson. Reverser la soupe dans la casserole. Saler et poivrer.

2 Pour préparer les nuages de fromage, fouetter le fromage blanc et le lait dans un saladier, jusqu'à ce que le mélange forme une mousse assez ferme. Incorporer l'ail et les fines herbes ciselées.

3 Réchauffer la soupe sur feu doux et la répartir dans des bols chauds. Garnir de petites cuillerées de mousse de fromage blanc et de fines herbes. Servir aussitôt.

Velours façon endives au jambon

pour 4 personnes **prêt en 15 min** **cuisson 15 min**

3 endives
1 échalote
1 cc d'huile d'olive
500 ml d'eau
1 tranche de jambon blanc découenné dégraissé
100 ml de lait écrémé
2 CS de crème à 15 %
1 pointe de couteau de muscade en poudre
sel, poivre

1 Laver les endives, ôter le coeur puis les émincer finement. Peler et émincer l'échalote. Dans une casserole contenant l'huile d'olive, faire dorer l'échalote et les endives quelques instants. Ajouter l'eau, un peu de sel, du poivre et faire cuire à couvert pendant 15 minutes à feu modéré.

2 Pendant ce temps, effilocher le jambon et réserver au frais. Lorsque les endives sont cuites, les égoutter et les verser dans le bol d'un mixeur. Ajouter le lait écrémé, la crème et la muscade. Rectifier l'assaisonnement et mixer longuement pour obtenir une texture onctueuse. Si besoin, ajouter un peu d'eau de cuisson et mixer à nouveau. Laisser tiédir.

3 Au moment de servir, répartir le velours d'endives dans 4 verres, ajouter le jambon effiloché par-dessus et un peu de muscade.

Crème de potiron au magret de canard

pour 4 personnes prêt en 10 min cuisson 15 min

2 oignons doux
1 cc de graisse de canard
20 cl de lait écrémé
1 cube de bouillon de volaille
450 g de purée de potiron surgelée
1 CS de cerfeuil ciselé
4 fines tranches de magret de canard fumé (60 g)
4 gressins nature (20 g)
sel, poivre du moulin

1 Éplucher les oignons et les émincer finement. Faire fondre la graisse de canard dans une cocotte en fonte. Ajouter les oignons et les faire cuire à feu doux 3 minutes, jusqu'à ce qu'ils deviennent translucides.

2 Verser 60 cl d'eau et le lait, et amener la préparation à ébullition. Y diluer le cube de bouillon de volaille, puis ajouter la purée de potiron. Laisser cuire 2 minutes, à feu doux.

3 Mixer la préparation. Verser la crème de potiron dans des bols ou des assiettes creuses. Donner un tour de moulin à poivre et, si nécessaire, rectifier l'assaisonnement en sel. Parsemer de cerfeuil. Décorer d'une tranche de magret de canard fumé, enroulée autour d'un gressin.

Crème de brocoli à la truite fumée

pour 2 personnes **prêt en 10 min** **cuisson 20 min**

40 g de pomme de terre ratte
200 g de brocoli
15 g de purée d'amandes
½ cube de bouillon de légumes
1 tranche de truite fumée (40 g)
1 CS d'amandes effilées (6 g)
sel, poivre

1 Peler la pomme de terre et la couper en petits cubes. Les faire cuire à la vapeur avec les fleurettes de brocoli. Vérifier la cuisson des légumes après 15 à 20 minutes et mettre dans le bol d'un blender.

2 Faire chauffer 20 cl d'eau avec la purée d'amandes et le cube de bouillon, puis verser le tout dans le bol du blender. Saler, poivrer et mixer longuement. Réserver au froid.

3 Avant le repas, couper la truite en fines lamelles et faire griller à sec les amandes (à la poêle ou sous le gril du four).

4 Dresser le velouté tiédi dans les assiettes, puis parsemer de tagliatelles de truite fumée et d'amandes grillées.

Soupe provençale de pommes de terre et de fenouil

pour 4 personnes prêt en 10 min cuisson 22 min

500 g de pommes de terre à chair ferme
1 bulbe de fenouil
2 échalotes
1 gousse d'ail
1 branche de thym
1 cc de graines de fenouil
1 cube de bouillon de bœuf ou de volaille dégraissé
1 dose de safran
1 petite boîte de tomates concassées
1 cc de pastis

1 Éplucher les pommes de terre et les couper en deux dans le sens de la longueur, puis en fines tranches. Couper le fenouil en deux, puis en fines lamelles.

2 Dans une sauteuse munie d'une feuille de cuisson, faire revenir, pendant 2 minutes, les échalotes émincées et l'ail écrasé au presse-ail. Ajouter les pommes de terre et le fenouil, le thym et les graines de fenouil. Verser 50 cl d'eau, ajouter le cube de bouillon et le safran. Couvrir et faire cuire à feu moyen pendant 10 minutes.

3 Verser les tomates avec leur jus, ajouter un filet de pastis, puis laisser mijoter pendant 10 minutes. Pour un parfum de garrigue plus prononcé, ajouter une petite branche de lavande fraîche, finement hachée.

Minestrone

pour 6 personnes prêt en 10 min cuisson 25 min

4 cc d'huile d'olive
2 gousses d'ail écrasées
1 oignon émincé finement
1 carotte assez grosse, coupée en rondelles
3 tiges de céleri, coupées en tronçons de 1 cm
2 navets moyens, coupés en cubes
2 grosses boîtes de tomates pelées
2 CS de concentré de tomates
75 cl de bouillon de légumes
180 g de petits macaronis
1 grosse boîte de haricots blancs, rincés et égouttés (530 g)
6 brins de basilic frais, ciselés
40 g de parmesan râpé

1 Dans une casserole, faire chauffer l'huile d'olive, et y faire revenir l'ail et l'oignon. Ajouter la carotte, le céleri et les navets, et faire cuire 5 minutes en remuant. Ajouter les tomates pelées avec leur jus, le concentré de tomates, le bouillon de légumes, 40 cl d'eau, puis porter à ébullition. Laisser cuire pendant 5 minutes.

2 Ajouter les macaronis, porter de nouveau à ébullition et les faire cuire al dente. Ajouter les haricots et maintenir la soupe sur feu doux quelques minutes en remuant. Incorporer le basilic. Servir le minestrone dans des assiettes creuses en présentant le parmesan à part.

Soupe au fenouil

pour 4 personnes prêt en 10 min cuisson 28 min

2 cc d'huile d'olive
1 oignon émincé en fines rondelles
1 gros fenouil émincé en fines lanières (garder le plumet)
1 pomme de terre pelée et détaillée en fines allumettes (200 g)
80 cl de bouillon de volaille
sel, poivre

1 Faire chauffer l'huile d'olive dans une sauteuse antiadhésive et y faire blondir les rondelles d'oignon pendant 3 minutes, à feu doux, jusqu'à ce qu'elles deviennent translucides.

2 Ajouter les lanières de fenouil et les allumettes de pomme de terre, puis verser le bouillon de volaille. Rectifier l'assaisonnement en sel, si nécessaire, et poivrer.

3 Laisser cuire à couvert pendant 25 minutes : les légumes doivent être bien moelleux. Verser la soupe dans des petits bols et parsemer de fines brindilles de fenouil prélevées dans le plumet.

Soupe de pommes de terre au thym frais

pour 4 personnes **prêt en 5 min** **cuisson 20 min**

1 cc d'huile d'olive
2 gros oignons
2 gousses d'ail
1 kg de pommes de terre
1 petit bouquet de thym haché
+ quelques feuilles pour décorer
70 cl de bouillon de légumes
15 cl de lait écrémé
sel, poivre

1 Graisser légèrement une grande casserole antiadhésive, et faire fondre les oignons émincés et l'ail pilé 5 minutes. Ajouter au besoin un peu d'eau pour éviter qu'ils n'attachent. Ajouter les pommes de terre coupées en cubes, le thym haché et le bouillon. Saler et poivrer.

2 Porter à ébullition, puis laisser frémir 15 minutes. Retirer du feu et laisser reposer un peu avant d'ajouter le lait. Mélanger. Rectifier l'assaisonnement. Servir dans des bols chauds, décorés de brins de thym.

Soupe miso

pour 4 personnes **prêt en 15 min** **cuisson 8 min**

2 carottes
1 panais
2 poireaux
2 branches de céleri
200 g de champignons de Paris
8 feuilles de citronnier
2 CS de pâte miso
2 cc d'huile de sésame
2 tiges de ciboule
15 g de coriandre fraîche
120 g de tofu soyeux
100 g de germes de soja crus

1 Laver et couper en petits morceaux les carottes, le panais, les poireaux, le céleri et les champignons.

2 Faire chauffer 700 ml d'eau avec les feuilles de citronnier dans une casserole. Délayer la pâte miso dans l'eau dès qu'elle commence à frémir. Y mettre tous les légumes et laisser cuire 8 minutes à feu moyen, à couvert. Ajouter l'huile de sésame hors du feu.

3 Découper la ciboule et la coriandre. Faire des petits cubes de tofu soyeux. Remplir 4 bols de soupe avec les légumes et le miso. Parsemer de ciboule, de coriandre et de dés de tofu. Ajouter les germes de soja, puis servir.

Potage épicé

pour 4 personnes   prêt en 15 min   cuisson 15 min

1 oignon
1 gousse d'ail
400 g de patates douces
1 cube de bouillon aux épices
1 cc d'huile de tournesol
2 CS de concentré de tomates
1 cc de zeste d'orange râpé
1 CS de coriandre ciselée
sel, poivre

1 Peler et hacher finement l'oignon. Peler et presser l'ail. Peler, rincer et détailler les patates douces en cubes réguliers. Diluer le cube de bouillon dans 25 cl d'eau bouillante.

2 Dans un autocuiseur, chauffer l'huile et y faire fondre l'oignon 5 minutes à feu doux, tout en remuant avec une cuillère en bois. Verser le concentré de tomates, l'ail, puis le bouillon aux épices, et compléter avec 80 cl d'eau froide. Ajouter les cubes de patates douces et le zeste d'orange. Fermer hermétiquement et laisser cuire 10 minutes à partir de la mise en rotation de la soupape.

3 Verser le potage dans une soupière, poivrer, rectifier l'assaisonnement en sel et parsemer de coriandre ciselée. Servir bien chaud.

Potage à l'oseille

pour 4 personnes prêt en 10 min cuisson 22 min

200 g de feuilles d'oseille
1 pomme de terre (100 g)
1 oignon blanc (100 g)
1 cc de margarine à 60 %
1 tablette de bouillon de volaille
4 CS de crème épaisse à 5 %
4 brins de cerfeuil
poivre du moulin

1 Équeuter, rincer et essorer les feuilles d'oseille. En réserver 20 g et couper le reste grossièrement. Peler la pomme de terre et la détailler en petits dés. Hacher l'oignon.

2 Chauffer la margarine dans une cocotte, puis y faire fondre doucement l'oignon et les feuilles d'oseille coupées, 2 minutes, tout en remuant. Ajouter la pomme de terre, 1,5 litre d'eau et la tablette de bouillon émiettée, mélanger et porter à ébullition. Cuire 20 minutes, sur feu moyen. Remuer et couvrir à mi-cuisson.

3 Hors du feu, incorporer les feuilles d'oseille crues après les avoir ciselées. Mixer et poivrer. Répartir le potage dans 4 assiettes creuses ou bols. Ajouter dans chacun 1 cuillerée de crème et décorer avec du cerfeuil. Servir aussitôt.

Soupe de potiron au tofu

pour 4 personnes   prêt en 10 min   cuisson 15 min

800 g de chair de potiron
1 branche de céleri
2 oignons
120 g de quinoa cru
320 g de tofu
noix de muscade
sel, poivre du moulin

1 Détailler le potiron et le céleri en petits cubes. Peler les oignons et les émincer. Dans une casserole, mettre les dés de légumes et les oignons émincés, recouvrir largement d'eau et ajouter le quinoa. Laisser cuire 15 minutes sur feu doux. Mixer.

2 Détailler le tofu en petites tranches. Verser la soupe dans des assiettes creuses, répartir le tofu, puis saler et poivrer. Saupoudrer d'un peu de noix de muscade.

Bouillon du potager

pour 4 personnes   prêt en 10 min   cuisson 14 min

1 échalote
4 feuilles de laitue
2 tomates
1 carotte
1 petite courgette
½ tige de céleri
2 CS de vin blanc
1 bouquet d'herbes de Provence
gros sel, poivre

1 Peler et hacher l'échalote. Rincer et ciseler les feuilles de laitue. Peler, épépiner et couper les tomates en dés. Peler et détailler la carotte et la courgette en bâtonnets. Effiler et émincer finement le céleri.

2 Dans un autocuiseur, faire suer l'échalote 1 minute dans le vin blanc, ajouter la salade ciselée, puis les dés de tomates, et remuer 1 minute. Mouiller avec 80 cl d'eau froide, ajouter la carotte, la courgette, le céleri, puis le bouquet d'herbes de Provence et 1 pincée de gros sel.

3 Mélanger le tout. Fermer hermétiquement et laisser cuire 12 minutes à partir de la mise en rotation de la soupape. Filtrer le bouillon et le verser dans un pichet. Poivrer et rectifier l'assaisonnement en sel.

Pho

pour 4 personnes   prêt en 10 min   cuisson 13 min

3 cubes de bouillon de bœuf
1 étoile de badiane
500 g de blancs de poulet
2 CS de nuoc-mâm
2 gousses d'ail
2 oignons
1 paquet de julienne de légumes surgelée
1 pot de légumes vietnamiens cuits au naturel en conserve
180 g de germes de soja en conserve
140 g de pâtes de blé asiatiques crues
ciboulette ciselée
coriandre fraîche ciselée
sel, poivre

1 Porter 3 litres d'eau salée à ébullition avec les cubes de bouillon de bœuf et la badiane. Pendant ce temps, couper les blancs de poulet en dés.

2 Plonger les dés de poulet dans l'eau bouillante et laisser cuire 5 minutes. Ajouter le nuoc-mâm, l'ail et les oignons finement émincés ainsi que la julienne de légumes. Au bout de 5 minutes, ajouter les légumes vietnamiens et les germes de soja égouttés, puis terminer par les pâtes asiatiques. Laisser cuire encore 3 minutes.

3 Servir dans des bols individuels après avoir poivré et décoré de quelques herbes ciselées.

Soupe aux raviolis de crevettes et pak choï

pour 4 personnes   prêt en 20 min   cuisson 5 min

50 g de chair de crabe
50 g de crevettes cuites, décortiquées et hachées
1 cc de ciboulette ciselée
12 carrés de pâte à raviolis chinois
85 cl de bouillon de volaille
2 oignons verts émincés
1 botte de jeunes épinards ou tête de pak choï (séparer les feuilles)
poivre

1 Mélanger la chair de crabe, les crevettes et la ciboulette. Disposer les carrés de pâte à raviolis sur une surface de travail propre et déposer 1 cuillerée à soupe de préparation au crabe au milieu de chacun d'eux. Badigeonner les bords des carrés avec un peu d'eau chaude, puis ramener la pâte sur la farce pour former une aumônière et pincer fermement.

2 Pour la soupe, faire chauffer le bouillon dans une grande casserole, puis ajouter les oignons verts et les épinards (ou le pak choï). Terminer avec les raviolis et les pocher 3 à 4 minutes sur feu moyen, jusqu'à ce qu'ils remontent à la surface. Goûter et poivrer si nécessaire. Servir aussitôt dans des bols chauds.

Soupe chinoise et coriandre fraîche

pour 1 personne   prêt en 5 min   cuisson 5 min

30 cl de bouillon de volaille
20 g de carotte
20 g de haricots verts ou de pois gourmands
30 g de blanc de poulet, cuit et déchiqueté
1 CS de sauce soja salée
quelques feuilles de coriandre, ciselées

1. Porter le bouillon à ébullition dans une grande casserole. Ajouter la carotte en tranches très fines et laisser frémir 2 minutes. Ajouter les haricots verts coupés en deux (ou les pois gourmands), le poulet et la sauce soja, et laisser frémir encore 2 minutes.

2. Servir la soupe dans un bol chaud, parsemée de feuilles de coriandre.

Soupe aigre-douce et coriandre fraîche

pour 4 personnes **prêt en 10 min** **cuisson 15 min**

1,2 litre de bouillon de volaille
350 g de blancs de poulet
75 g de champignons shiitake
1 gros piment rouge
1 poivron rouge ou jaune
150 g de pak choï
100 g de vermicelles aux œufs secs
2 CS de vin de cuisine chinois
3 CS de vinaigre de riz
2 CS de sauce soja salée
1 ½ cc de poivre blanc
brins de coriandre

1 Verser le bouillon de volaille dans une casserole et porter à ébullition. Ajouter les lanières de poulet, porter de nouveau à ébullition et laisser frémir 5 minutes. Ajouter les champignons coupés en deux, le piment épépiné et émincé, et le poivron coupé en quartiers. Laisser frémir encore 3 minutes.

2 Mettre dans la casserole le pak choï coupé en quartiers, les vermicelles, le vin, le vinaigre, la sauce soja et le poivre blanc. Poursuivre la cuisson 3 minutes pour que le poulet soit moelleux et les légumes bien tendres.

3 Répartir dans des bols profonds très chauds et garnir de coriandre.

Soupe aux nouilles et au bœuf

pour 4 personnes   prêt en 10 min   cuisson 20 min

1 cc d'huile de tournesol
300 g de rumsteck
1 l de bouillon de bœuf
2 blancs de citronnelle
2 piments rouges
le jus de 2 citrons verts
125 g de nouilles aux œufs sèches
75 g de haricots mange-tout
110 g de mini-épis de maïs
brins de coriandre

1 Graisser légèrement une grande casserole antiadhésive et y faire dorer les lanières de bœuf 3 à 5 minutes. Ajouter le bouillon, les blancs de citronnelle ciselés, les piments épépinés et émincés, et le jus de citron vert. Porter à ébullition, couvrir et laisser frémir jusqu'à ce que le bœuf soit tendre.

2 Incorporer les nouilles, les mange-tout et les mini-épis de maïs. Porter à ébullition. Laisser frémir doucement 5 minutes pour que les nouilles soient souples et les légumes bien tendres.

3 Verser dans des bols chauds et garnir de feuilles de coriandre.

Soupe thaïe poulet, nouilles et lait de coco

pour 4 personnes prêt en 10 min cuisson 15 min

20 cl de lait de coco
75 cl de bouillon de volaille
1 cc de gingembre frais, râpé
1 CS de pâte de curry rouge thaïe
½ aubergine
100 g de fines nouilles de riz sèches
100 g de pois gourmands
300 g de blanc de poulet cuit
2 CS de feuilles de basilic
sel, poivre

1 Verser le lait de coco et le bouillon dans une grande casserole, puis incorporer le gingembre et la pâte de curry. Après l'ébullition, baisser le feu et laisser frémir 5 minutes.

2 Ajouter l'aubergine coupée en fines tranches, les nouilles de riz et les pois gourmands coupés en deux en biais. Poursuivre la cuisson 4 à 5 minutes à feu doux, puis ajouter le poulet coupé en lanières et laisser cuire encore 2 à 3 minutes. Saler et poivrer.

3 Verser dans des bols chauds et garnir de basilic.

Soupe de moules aux coquillettes

pour 4 personnes   prêt en 10 min   cuisson 35 min

2 CS d'huile d'olive
1 oignon émincé
2 tomates fraîches, pelées, épépinées et coupées en dés
½ bulbe de fenouil émincé
2 gousses d'ail
1 l d'eau
1 pistil de safran (ou à défaut ½ cc de curcuma en poudre)
120 g de coquillettes
400 g de moules décortiquées
sel, poivre

1 Faire chauffer l'huile dans une cocotte et y faire revenir l'oignon pendant 5 min à feu modéré, en remuant. Ajouter les tomates, le fenouil et les gousses d'ail écrasées dans leur peau. Mélanger et laisser saisir à feu vif 5 minutes.

2 Verser l'eau, saler légèrement, poivrer et ajouter le safran. Porter à ébullition. Ajouter les coquillettes, remuer et poursuivre la cuisson 10 minutes. Ajouter les moules, poursuivre la cuisson 5 minutes. Servir la soupe bien chaude.

Bouillon de crevettes aux vermicelles

pour 4 personnes prêt en 10 min cuisson 10 min

85 cl de bouillon de poisson
2 CS de sauce soja salée
2 piments rouges
1 gousse d'ail
1 cc de cassonade
175 g de carottes
1 poivron rouge
175 g de crevettes roses, décortiquées
100 g de vermicelles aux œufs
100 g de châtaignes d'eau en tranches
6 oignons verts
2 CS de coriandre ciselée

1 Verser le bouillon dans une grande casserole avec la sauce soja, les piments épépinés et émincés, l'ail haché et la cassonade. Porter à ébullition. Ajouter les carottes taillées en allumettes et le poivron coupé en lanières. Laisser frémir 5 minutes.

2 Ajouter dans la casserole les crevettes, les vermicelles, les châtaignes d'eau et les oignons verts. Bien mélanger pour séparer les vermicelles et poursuivre la cuisson encore 5 minutes.

3 Répartir la soupe dans des bols chauds, et garnir d'oignons verts émincés et de coriandre ciselée.

Carpaccio de bœuf en consommé chaud

pour 4 personnes   prêt en 10 min + congélation   cuisson 5 min

700 g de filet de bœuf
1 petite carotte
1 petite courgette
2 rondelles épaisses de gingembre frais
50 cl de bouillon de bœuf frais

1 Bien essuyer le filet de bœuf. Le placer 10 minutes au congélateur pour le raffermir. Éplucher la carotte et supprimer les extrémités de la courgette. Tailler ces légumes en petits dés. Peler le gingembre.

2 Dans une casserole, porter doucement le bouillon à ébullition. Ajouter le gingembre et les dés de légumes, puis laisser cuire 3 à 4 minutes à petits frémissements.

3 Poser le filet de bœuf sur une planche et le couper en tranches très fines à l'aide d'un couteau parfaitement aiguisé. Répartir la viande dans 4 assiettes creuses. Retirer le gingembre et verser le bouillon brûlant sur la viande dans les assiettes. Servir aussitôt.

Soupe aux petits pois et au riz

pour 2 personnes prêt en 5 min cuisson 25 min

1 cc d'huile de tournesol
1 petit oignon haché
2 tranches de bacon hachées
100 g de riz pour risotto cru
3 CS de vin blanc (facultatif)
75 cl de bouillon de volaille
125 g de petits pois surgelés
25 g de parmesan fraîchement râpé
sel, poivre

1 Graisser légèrement une grande casserole antiadhésive et la chauffer rapidement. Ajouter l'oignon, le bacon et 2 cuillerées à soupe d'eau. Faire cuire jusqu'à ce que le mélange grésille. Couvrir la casserole et poursuivre la cuisson 5 minutes sur feu moyen pour que le bacon et l'oignon soient fondants. Incorporer le riz et mélanger 1 minute sur le feu.

2 Mouiller avec le vin blanc (facultatif) et laisser chauffer un peu pour que le liquide réduise légèrement. Verser le bouillon, saler et poivrer. Porter à ébullition. Baisser le feu et laisser frémir 15 minutes en remuant de temps en temps, jusqu'à ce que le riz soit cuit et la soupe assez épaisse. Elle doit avoir la consistance d'un porridge liquide.

3 Ajouter les petits pois et poursuivre la cuisson 3 minutes. Incorporer la moitié du parmesan. Verser dans des bols chauds et parsemer du reste de parmesan.

Bouillabaisse

pour 6 personnes prêt en 15 min cuisson 15 min

600 g de pommes de terre
100 g d'oignons
100 g de blancs de poireaux
1 petite boîte de tomates concassées
3 gousses d'ail
1 CS de moutarde
1 cc de graines de fenouil
1 cc de graines d'anis
1 cc de curry en poudre
120 g de chaque poisson : congre, lotte, merlan, rascasse, grondins, rougets
120 g de langoustines
150 g de pain grillé (6 tranches)
200 g de moules décortiquées

1 Faire cuire les pommes de terre dans un autocuiseur, à la vapeur, pendant 10 minutes. Dans une marmite assez grande, munie de sa feuille de cuisson, faire revenir les oignons émincés et les blancs de poireaux hachés. Ajouter les tomates concassées, 2 gousses d'ail écrasées et la moutarde. Assaisonner avec quelques graines de fenouil, d'anis et du curry.

2 Couper chaque morceau de poisson en deux. Ajouter le congre et la lotte à la sauce, puis les langoustines. Recouvrir d'eau (environ 5 verres). Porter à vive ébullition pendant 7 minutes. Ajouter les autres morceaux de poissons. Cuire de nouveau 8 minutes à feu vif.

3 Faire griller les tranches de pain et les frotter avec la gousse d'ail restante. Mettre le pain dans la soupière et verser le bouillon. Servir les poissons, les moules et les langoustines sur un plat. Accompagner de pommes de terre. Disposer le pain dans chaque assiette et servir le bouillon avec les poissons. La bouillabaisse peut être accompagnée de rouille.

Soupe de poisson express

pour 4 personnes prêt en 5 min cuisson 14 min

25 g de fumet de poisson
2 filets de merlan (150 g)
2 filets de daurade (150 g)
½ boîte de tomates pelées (190 g)
1 gousse d'ail
50 g de vermicelles crus
sel, poivre

1 Diluer le fumet de poisson dans 1 litre d'eau. Ajouter les poissons, les tomates et l'ail. Cuire 10 minutes au four à micro-ondes (900 W). Retirer les poissons.

2 Mixer le potage, puis verser dessus les vermicelles en pluie. Cuire 4 minutes au four à micro-ondes. Laisser reposer 2 minutes. Ajouter les poissons émiettés et servir aussitôt.

Gaspacho

pour 3 personnes   prêt en 10 min   repos 30 min

450 g de tomates mûres
½ concombre épluché
1 poivron rouge épépiné
1 petit oignon rouge
1 gousse d'ail
1 CS de vinaigre de vin
basilic ciselé
sel, poivre

1 Mixer ensemble tous les légumes grossièrement hachés, la gousse d'ail pilée et le vinaigre.
Pour une soupe parfaitement lisse, passer le mélange dans un tamis fin. Verser dans un saladier. Saler et poivrer. Laisser au moins 30 minutes au réfrigérateur.

2 Avant de servir, remuer le gaspacho. Le verser dans des bols avec quelques glaçons et décorer de basilic ciselé.

Gaspacho andalou

pour 4 personnes prêt en 30 min cuisson 9 min réfrigération 30 min

1 concombre
500 g de tomates fermes
2 gousses d'ail
5 CS de vinaigre de Xérès
1 CS de sucre
2 CS de cerfeuil haché
8 feuilles de basilic
2 œufs
1 poivron vert
1 poivron jaune
2 petits oignons
20 g de croûtons
poivre

1 Peler le concombre, le couper en deux dans le sens de la longueur et ôter les pépins. Couper la chair en petits dés et en placer la moitié dans le bol d'un mixeur. Garder l'autre moitié dans un petit bol pour la garniture et mettre au frais.

2 Peler les tomates, les couper en gros morceaux et les ajouter dans le bol du mixeur avec les gousses d'ail pelées, le vinaigre, le sucre, du poivre, le cerfeuil et le basilic. Mixer le tout pendant 20 secondes. Verser dans une soupière et réserver au réfrigérateur.

3 Faire cuire les œufs pendant 9 minutes. Les écaler, puis les laisser refroidir. Ôter les pépins des poivrons et couper leur chair en petits dés. Les placer dans des bols au réfrigérateur en séparant le vert du jaune. Peler les oignons et les émincer finement dans un petit bol. Couper les œufs en deux, hacher les jaunes et les blancs en petits dés, séparément, dans des raviers.

4 Mettre les croûtons dans un autre ravier. Sortir la soupière, les bols et les raviers du réfrigérateur, et les disposer sur la table : chacun se servira selon son goût.

Gaspacho de concombre à la feta

pour 4 personnes   prêt en 15 min   repos 1 heure

2 concombres
1 yaourt nature à 0 %
1 cc d'huile d'olive
2 CS de menthe ciselée
1 cc de vinaigre de Xérès
3 gouttes de Tabasco
4 cc de ciboulette ciselée
120 g de feta allégée
sel, poivre du moulin

1 Prélever 4 rondelles dans un concombre et les réserver. Peler partiellement les 2 concombres, en laissant une bande sur deux, puis les épépiner. Couper les concombres en morceaux, puis les mettre dans un blender avec le yaourt, l'huile, la menthe, le vinaigre et le Tabasco. Mixer jusqu'à obtenir une consistance crémeuse. Saler et poivrer. Filmer et réserver au frais 1 heure.

2 Au moment de servir, mélanger le gaspacho, puis le répartir dans 4 verres ou petits bols. Parsemer de ciboulette et de feta finement émiettée. Pour décorer, inciser les rondelles de concombre réservées et les planter sur le rebord des récipients.

Crème de roquette à la mozzarella

pour 6 personnes   prêt en 30 min   cuisson 5 min

1 feuille de gélatine
1 échalote
1 CS d'huile d'olive
200 g de jeunes pousses de roquette
60 cl de bouillon de légumes
1 CS de fructose
2 CS de crème liquide allégée à 15 %
2 mozzarellas allégées (250 g)
12 brins de ciboulette
sel, poivre du moulin

1 Faire tremper la gélatine dans de l'eau froide. Éplucher et émincer l'échalote, et la faire fondre dans l'huile d'olive. Ajouter la roquette, puis la faire tomber 3 minutes sur feu vif. Verser le bouillon chaud, ajouter le fructose, saler, poivrer et porter à ébullition. Ajouter la feuille de gélatine égouttée. Verser le tout dans le blender avec la crème liquide. Faire tourner jusqu'à l'obtention d'une consistance onctueuse. Laisser refroidir.

2 Détailler la mozzarella en fines lamelles. Les répartir au fond de verrines. Verser la crème de roquette froide et placer au frais. Avant de déguster, décorer de brins de ciboulette.

TABLE DES MATIÈRES

TABLE DES MATIÈRES

ilisation de la terminologie « sans gluten » ou du « logo sans gluten » sur les menus et recettes publiés par WW est à titre purement informatif.
/ n'est pas responsable de l'existence potentielle de gluten dans les aliments cuisinés qui n'ont pas été préparés selon les instructions, pour les recettes comportant
ıention ou le logo « sans gluten », ou pour toute autre cause externe. En cas d'utilisation d'aliments en boîte ou déjà cuisinés, il est essentiel
;'assurer qu'ils ne contiennent pas de gluten. L'utilisateur doit se référer aux informations sur l'emballage et, en cas de doute, contacter le fabricant.
ıucun cas WW ne pourrait être tenu responsable lors de l'utilisation d'aliments en boîte ou transformés.

Il y a forcément une solution WW qui vous convient !

Atelier + Digital :
accès libre aux **Ateliers WW hebdomadaires,**
au site ww.com et à l'appli WW

Digital : en toute autonomie sur le site ww.com et l'appli WW

À la carte :
- **Uniquement en Atelier WW**
- **Chez Vous** (www.WWboutique.fr)
- En tête-à-tête **avec votre Coach WW** (entretien individuel)
- Lors d'**ateliers en entreprises** organisés par WW

Plus d'informations au
0 969 320 333
(appel non surtaxé)
et sur ww.com

58, rue Jean-Bleuzen
92178 Vanves Cedex
Photographies : Valéry Guedes, excepté pour les p. 35, 85, 99, 121 : Nicolas Edwige
Stylisme : Natacha Arnoult, excepté pour les p. 35 et 99 : Chloé Josso ; p. 85 : Julie Soucail ; p. 121 : Pauline Dubois
Mise en pages : Les PAOistes

Les SmartPoints indiqués sont valables pour le programme WW Liberté.

2207143/01
ISBN : 978-2-501-13915-1
Dépôt légal : août 2019
Achevé d'imprimer en Espagne par Macrolibros en juin 2019.

PAPIER À BASE DE FIBRES CERTIFIÉES

MARABOUT
s'engage pour l'environnement en réduisant l'empreinte carbone de ses livres.
Celle de cet exemplaire est de :
300 g éq. CO_2
Rendez-vous sur www.marabout-durable.fr